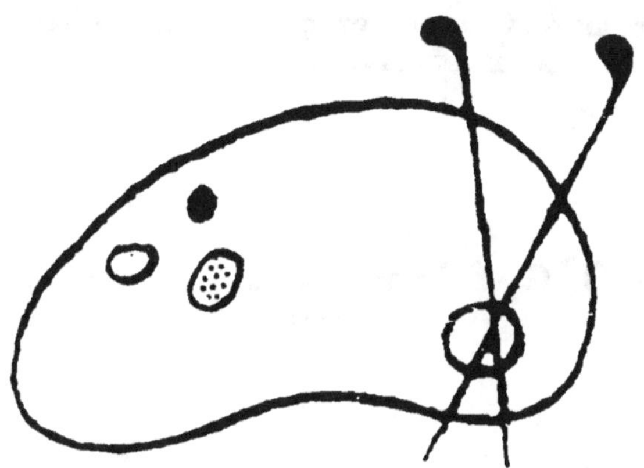

Début d'une série de documents
en couleur

LES
COLONIES DES ANCIENS

COMPARÉES A CELLES DES MODERNES,

SOUS LE RAPPORT DE LEUR INFLUENCE SUR LE BONHEUR DU GENRE HUMAIN.

PAR

M. J.-C.-L. de Sismondi.

GENÈVE,

IMPRIMERIE DE LADOR ET RAMBOZ,

Rue des l'Hôtel-des-Villes, 78.

1837.

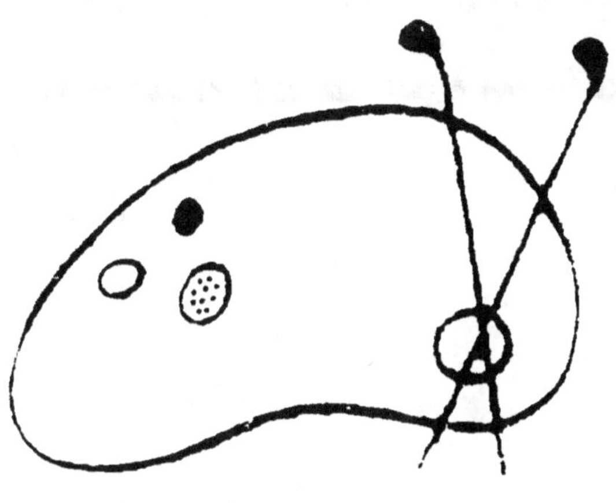

Fin d'une série de documents
en couleur

LES
COLONIES DES ANCIENS

COMPARÉES A CELLES DES MODERNES.

LES
COLONIES DES ANCIENS

COMPARÉES A CELLES DES MODERNES,

SOUS LE RAPPORT DE LEUR INFLUENCE SUR LE BONHEUR DU GENRE HUMAIN.

PAR

M. J.-C.-L. de Sismondi.

———

GENÈVE,

IMPRIMERIE DE LADOR ET RAMBOZ,

Rue de l'Hôtel-des-Ville, 78.

———

1837.

LES COLONIES DES ANCIENS

COMPARÉES A CELLES DES MODERNES,

SOUS LE RAPPORT DE LEUR INFLUENCE SUR LE BONHEUR DU GENRE HUMAIN.

Par M. J.-C.-L. de Sismondi.

Tiré de la Bibliothèque Universelle de Genève.
(Janvier 1837.)

Lorsque nous cherchons à nous rendre compte des causes qui ont contribué à répandre parmi les hommes tous les avantages de la vie sociale, la première, la plus importante qui nous soit signalée par l'étude de l'antiquité, c'est la fondation des colonies. L'histoire de la colonisation des pays situés sur les côtes de la Méditerranée, pourrait tout aussi bien s'appeler l'histoire de la civilisation du genre humain. Cette histoire, sans nous être connue dans tous ses détails, nous est suffisamment indiquée par tous les monumens historiques qui nous révèlent l'antiquité, pour que nous puissions en saisir l'ensemble. Presque à l'origine des temps, nous trouvons un peuple puissant, le peuple égyptien, parvenu à une grande richesse et une grande gloire par des événemens qui échappent à notre investigation. Son histoire est enveloppée de nuages, mais la vie privée des habitans de l'Egypte, leurs usages, leurs arts, leur industrie, leur agriculture, ont été soumis à notre inspection ; l'image en a été conservée par des monumens indestructibles, qui tout récemment encore ont été soigneusement explorés. La vie *civile* des Egyptiens, leur vie comme membres de la grande *cité*, de la société, nous est représentée dans des tableaux qui la rendent présente à nos yeux. Nous y voyons, sans l'ombre d'un doute, qu'ils avaient déjà fait dans les arts destinés à soumettre la nature, les progrès qui nous semblent les plus propres à rendre heureuse une nombreuse population, qu'ils étaient hautement civilisés deux mille ans environ avant l'ère chrétienne.

Les Egyptiens n'ont pas d'historiens qui soient parvenus jusqu'à nous, ils n'ont pas de philosophes à nous connus qui aient étudié la marche des sociétés humaines ; leur action, cependant, sur leurs voisins, nous a été révélée, car le peuple qui nous a donné les plus admirables modèles dans l'art d'écrire l'histoire, le peuple qui a le mieux entendu l'art de constituer la société humaine, qui a étudié avec le plus de fruit le jeu des intérêts, des sentimens et des passions, le peuple grec, commence son histoire précisément à l'époque où fut composé ce tableau immense de la civilisation égyptienne qui a été mis récemment sous nos yeux. Les Grecs nous disent, qu'à cette époque, ils étaient eux-mêmes complétement barbares, et qu'ils ont dû tous leurs progrès, tous leurs développemens aux colonies des Egyptiens.

Les Grecs n'ont pu connaître que très imparfaitement cette histoire figurée de l'Egypte, que l'art de la gravure a reproduite dans toutes nos bibliothèques; et qui, jusqu'à nos jours, avait été dérobée à tous les yeux dans des asiles sacrés d'où l'on écartait les profanes. Ils n'ont point cherché à mettre leur histoire en rapport avec ces monumens de l'ancienne Egypte, ils se sont occupés surtout d'eux-mêmes, et non des tableaux de Thèbes aux cent portes. Quoique vaniteux, quoique cherchant comme tous les peuples à répandre sur leur première origine une auréole de gloire, ce sont eux qui nous apprennent que leurs ancêtres n'étaient point sortis de l'état sauvage à l'époque de l'arrivée sur leurs rivages de l'Egyptien Inachus (environ dix-huit siècles avant Jésus-Christ). Les Grecs, disent-ils, les Pélasges n'avaient point de demeures fixes; ils étaient chasseurs et pasteurs tout ensemble, mais leur pays coupé par des bras de mer et des montagnes, n'admettait pas la grande vie pastorale des Scythes ou Tartares et des Arabes, ni la formation des grandes sociétés. Ils ne connaissaient point tous les animaux domestiques; le cheval leur fut apporté par mer, ce fut un présent de Neptune; ils ne connaissaient aucune culture, le règne végétal leur fournissait seulement le gland et le faîne des hêtres, dont ils se nourrissaient sans avoir planté les arbres qui les produisaient. L'introduction des trois grandes cultures, le froment par Cérès, l'olivier par Minerve, la vigne par Bacchus, signale sous un voile mythologique le progrès dû aux étrangers. Aucune des trois n'était connue en Grèce au temps d'Inachus; tous les arts domestiques étaient également ignorés, et les hommes ne se revêtaient que des peaux des animaux qu'ils avaient mangés.

Cet état social des Pélasges est inférieur à celui de tous

les habitans de l'Asie, de tous les nègres habitans de l'Afrique, qui pratiquent les arts et l'agriculture, de tous les peuples pasteurs de ces deux parties du monde, à qui l'agriculture est interdite par la nature de leur pays, mais qui se sont cependant élevés assez haut dans la société civile; il est inférieur même à la condition des peuples chasseurs de l'Amérique qui connaissaient tout au moins le maïs et la pomme de terre, et qui fabriquaient quelques étoffes, et il ne peut se comparer qu'à l'état des sauvages de l'Australasie. Cependant les colonies égyptiennes amenèrent les habitans du pays à la plus haute civilisation, elles leur enseignèrent tous les arts de la vie, tous les moyens de dompter la nature. Elles ne les chassèrent point, elles ne les exterminèrent point, mais elles les admirent dans leurs sociétés nouvelles, elles les unirent avec les colons dans leurs cités; elles en firent non point des Egyptiens mais des Grecs : la religion, le langage, les mœurs, les habillemens, tout fut grec, tout appartint à la nouvelle patrie, non à l'ancienne, mais surtout l'organisation politique fut grecque. Là, seulement, on vit naître la liberté et l'amour de la patrie; là, s'alluma le flambeau qui devait éclairer l'univers.

Trois cents ans environ, dans l'histoire grecque, depuis l'arrivée d'Inachus qui fonda Argos, jusqu'à celle de Danaüs qui fut appelé à régner dans la même ville, sont remplis par les récits moitié traditionnels, moitié mythologiques, de l'arrivée de tous ces chefs, ou Egyptiens ou Phéniciens, qui chacun à leur tour fondaient une nouvelle cité, et lui apportaient en dot de nouveaux arts, de nouvelles connaissances. La Grèce transmit à la postérité les noms de ceux qui lui enseignèrent toutes les parties de l'agriculture, le travail des mines, l'art des tissus, la navigation, l'écriture, la monnaie, le commerce, la musique.

Trois cents ans s'écoulèrent, mais au terme de cette période les Grecs étaient plus avancés que les Egyptiens leurs instituteurs ; formant autant d'Etats séparés, et engagés dans une lutte continuelle, ils étaient moins puissans sans doute, ils étaient moins riches, leur société était moins stable, mais ils avaient en eux plus de vie, toutes les classes de la nation étaient plus rapprochées, plus mêlées l'une à l'autre ; il y avait pour toutes plus de bonheur.

A peine la Grèce avait-elle fondu en un seul peuple les autochtones avec les colons qui lui arrivaient d'Egypte, qu'elle commença à son tour à répandre sur toutes les côtes de la Méditerranée la civilisation qu'elle venait de recevoir. Les colonies des Ioniens, des Eoliens, des Doriens, se dirigèrent vers l'Asie mineure. D'autres vinrent fonder des cités nouvelles, dans l'Italie, dans la Sicile, sur les bords du Pont-Euxin, sur les côtes d'Afrique et sur celles de Provence. Partout ces colonies exercèrent sur les indigènes l'heureuse influence que les Egyptiens avaient exercée sur les Grecs. Partout elles civilisèrent, partout elles enseignèrent les arts de la vie, partout elles admirent les anciens habitans à s'unir intimement avec elles, et partout, grâce à cette union, elles devancèrent bientôt leur métropole, en population, en puissance, en richesse, dans tous les arts, et même dans les développemens de l'esprit. Troie, colonie grecque, était plus puissante qu'aucune des cités grecques qui se liguèrent pour sa ruine. Les colonies des Grecs dans l'Asie mineure étaient plus riches, plus avancées dans les arts et dans la philosophie à l'époque de la guerre des Perses, que le Péloponèse, quoique leur situation leur permit d'opposer à cette puissante monarchie une moins longue résistance. Le midi de l'Italie prit le nom de Grande Grèce, parce qu'il l'emportait en effet sur la Grèce antique par son étendue, le nombre, la richesse et la puissance de ses cités. La Sicile se couvrit de cités plus prospérantes encore ; Syracuse ne l'emportait pas seulement sur Corinthe qui l'avait fondée, mais sa population égalait celle qu'on trouve dans toute l'île aujourd'hui : on assure qu'elle compta jusqu'à 1,200,000 habitans. De même Marseille l'emportait en puissance sur Phocée qui l'avait fondée, et Cyrène sur l'île de Théra, d'où étaient sortis ses premiers colons.

Rome n'était pas une colonie des Grecs, mais Rome devait sa civilisation, ses lois, son langage, sa religion, à des peuples de l'Italie, éduqués par les colons de la Grèce. Rome ne se contenta point, comme avaient fait les Grecs, de porter seulement de contrée en contrée ses arts, son langage, sa religion et sa philosophie ; elle voulut dominer partout où pénétraient ses armes. Les Grecs semaient sur les rivages des peuples nouveaux et indépendans ; les Romains tendaient à l'unité, ils répandirent aussi leurs colonies aussi loin qu'ils portèrent leurs armes ; mais ces colonies, quoique image de la grande cité, n'étaient que des garnisons du grand peuple, non des germes de peuples nouveaux. Elles aussi cependant étaient destinées à se mêler avec les indigènes, à leur communiquer tous les progrès dans les arts et dans les sciences sociales qu'avait faits Rome, à les initier enfin dans la civilisation, et les colonies des Romains, dans tout l'ancien monde, ont achevé la première éducation du genre humain.

On croira peut-être qu'un tableau de la civilisation progressive du monde moderne, par les colonies des Européens, ne le céderait point en grandeur à celui de la colonisation antique. En effet, dans les trois derniers siècles, les Européens ont porté leurs colonies dans presque toutes les parties de la terre habitable. Ils y ont soumis des contrées qui surpassent infiniment en étendue celles d'où ils sont sortis, et ils y ont fondé des empires et des républiques dont les proportions dépassent de beaucoup celles de l'ancien monde. Cependant on ne rapproche point dans sa pensée les colonies des modernes de celles des anciens, sans qu'une première impression devance même la réflexion et nous avertisse que les colonies des anciens renouvelaient la race humaine, la retrempaient, et lui faisaient commencer l'existence politique avec tous les avantages de la jeunesse ; que les nôtres, au contraire, naissent vieilles, avec toutes les jalousies, toute l'inquiétude, toutes les misères, tous les vices de la vieille Europe ; que les colonies des anciens s'élevaient constamment dans toutes les parties de la civilisation au-dessus de ceux qui leur donnèrent naissance ; que les nôtres descendent aussi constamment au-dessous de leurs fondateurs ; que nos colonies, déjà si grandes, sont destinées à grandir bien davantage encore, mais qu'on y chercherait vainement les vertus, le patriotisme, la vigueur, qui appartenaient au premier âge du monde.

Un regard plus attentif nous fait sentir de nouvelles différences encore. Les Grecs et, avant eux, les Egyptiens, fondaient une colonie pour qu'elle fût un tout complet ; nous, pour qu'elle soit une partie d'un autre empire. Ils avaient sans cesse en vue le bien même des colons ; nous, le bien de la mère-patrie. Ils voulaient que la colonie se suffît à elle-même, sous le rapport de la subsistance, de la défense, du gouvernement interne, et de tous les principes de son développement ; nous voulons qu'elle soit dépendante en toute chose, qu'elle subsiste par le commerce, et que son commerce enrichisse la métropole, qu'elle soit défendue par les armes de celle-ci, obéissante à ses ordres, gouvernée par ses lieutenans, et que l'éducation même de ces nouveaux citoyens ne puisse s'accomplir que chez leurs frères aînés.

Une étude approfondie des colonies fait bientôt remarquer une autre différence plus affligeante. Les colonies des Égyptiens, des Phéniciens, des Grecs, et même des Romains, apportaient un bienfait aux contrées où elles s'établissaient; les nôtres, une calamité. Les premiers, par leur contact, civilisèrent les barbares; les Européens modernes ont partout détruit la civilisation étrangère à leurs mœurs, au milieu de laquelle ils sont venus se loger; ils ont barbarisé (qu'on nous permette cette expression) les peuples qu'ils nommaient barbares, en les forçant à renoncer à tous les arts de la vie qu'ils avaient inventés d'eux-mêmes. Ils se sont barbarisés à leur tour; car, ici l'on a vu les Européens descendre aux mœurs des peuples pasteurs, là, à celles des peuples chasseurs; partout, dans leurs relations avec les indigènes, ce sont eux qui se sont souillés par la tromperie, l'abus de la force et la cruauté; partout ils ont reculé dans les arts qu'ils avaient apportés d'Europe; leur agriculture est devenue demi-sauvage, tous leurs instrumens ont été plus grossiers; toutes leurs connaissances sont restées plus incomplètes; les hommes distingués y ont été plus rares, et le niveau général de l'intelligence, comme de la moralité, est descendu au lieu de monter.

Peut-être nous opposera-t-on les succès des États-Unis, dont la prospérité paraît assez brillante pour ne point laisser regretter aux modernes le système de la colonisation antique. Les États-Unis cependant doivent peut-être leurs principaux avantages à ce que leurs premiers fondateurs se rapprochèrent bien plus des idées et des sentimens des Grecs et des Romains, que nous ne le faisons aujourd'hui. Les pèlerins de la Nouvelle Angleterre, émigrant à la recherche de la liberté de conscience, se proposèrent avant tout de se créer une nouvelle patrie comme faisaient autrefois les Grecs ; tous les autres colons, envoyés par l'Europe, ont porté avec eux, pour seul principe, l'amour du gain, pour seule théorie, l'extension du commerce ; aussi, sacrifièrent-ils toujours l'avenir au présent, et semèrent-ils dans la colonie nouvelle, dès sa naissance, des germes de dissolution. Nous n'aurons que trop d'occasions de remarquer que ces germes se sont à leur tour développés aux Etats-Unis.

Cherchons à mieux reconnaître l'opposition entre les principes des Grecs, lorsqu'ils fondaient une colonie, et les nôtres. Les Grecs, en se transportant dans une région nouvelle, voulaient que leur colonie représentât le type originaire de leur société, la cité ; lorsque nous en fondons une, elle représente le type originaire de la nôtre, l'empire. Ils concentraient toute leur existence politique sur un seul point, nous disséminons la nôtre sur tout un territoire. Ce n'est point ici l'occasion d'examiner lequel vaut le mieux pour le bonheur, pour la vertu, pour le progrès de l'intelligence, des petites républiques de l'antiquité, ou de nos grandes monarchies. Chaque nation est entraînée par des circonstances qui dominent la race tout entière, à chercher la force ou l'indépendance dans une certaine proportion de puissance avec les autres nations, qui, faute de cet équilibre, pourraient être tentées d'abuser de leur pouvoir. Mais, à la naissance des peuples, à la naissance des associations, on a plus de liberté pour profiter des leçons de l'expérience ; c'est aux colons seulement que nous pouvons dire que, pour que le besoin mutuel les réunisse, pour que la fraternité s'établisse entre des aventuriers, souvent rassemblés par le seul hasard, il faut qu'ils commencent par être petits, il faut qu'ils se sentent faibles entre des étrangers, car le pouvoir les rendrait arrogans et menaçans ; il faut que leur position les force à ménager la bienveillance des aborigènes, qu'ils s'efforcent de se les associer, au lieu de les traiter en sauvages, et qu'ils se gardent surtout de ne leur apporter, de la civilisation, autre chose que les arts de la guerre pour les exterminer.

La première attention des Egyptiens, des Phéniciens, puis des Grecs et des Romains, en fondant une colonie, était le choix du site où ils bàtiraient leur nouvelle cité ; car c'était dans des cités qu'ils voulaient vivre, c'était par des cités qu'ils répandaient les arts de la vie des villes, ou la civilisation[1]. Le site de la cité devait être naturellement assez fort pour que son enceinte pùt être facilement défendue, et pour que ses habitans pussent, sans le secours de la mère-patrie, résister aux attaques subites de ceux au milieu desquels ils venaient s'établir. Mais cette résistance supposait aussi que les colons pourraient aisément se rassembler pour prendre les armes, que l'appel de la trompette, qui répondait alors à nos cloches d'alarme, suffirait pour les faire accourir de toutes les parties du territoire dont ils se mettaient en possession. De cette circonstance seule découlaient d'importantes modifications dans toute leur économie. Et premièrement leur territoire devait être fort circonscrit. Le plus souvent c'était un désert qu'ils avaient acquis légitimement des aborigènes et d'une manière pacifique, et ce premier contrat

---

[1] De *civitas*, cité, sont venus les mots *civis*, *civilis*, *civilisatio*.

n'était point comme ceux des colons modernes, sans cesse interprété, sans cesse modifié par la fraude ou par la violence. Les colons sentaient bien qu'ils ne pouvaient pas, qu'ils ne devaient pas s'écarter de leur ville, de leur seule retraite ; ils n'avaient aucune tentation d'usurper une plus grande étendue de champs, et cette cupidité, qui de nos jours met les Européens aux prises avec les indigènes était sans action sur eux.

Les colons faibles, peu nombreux, et complétement abandonnés à eux-mêmes, car la mère-patrie ne songeait point à les défendre, avaient soin de bâtir toutes leurs maisons dans l'enceinte étroite de la cité. La nuit ils reposaient sous une garde commune, le jour seul ils pouvaient se répandre dans les champs pour les travaux ruraux. De cette circonstance leur agriculture recevait le caractère de celle de la Provence ou de l'Espagne, où l'on ne voit point de fermes, point de maisons dispersées dans les champs, et où tous les cultivateurs, avec tout leur bétail, sont enfermés dans la bourgade. Ce système agricole a certainement de graves inconvéniens. Il multiplie les travaux du laboureur et de son bétail ; il ne lui permet guère d'étudier son terrain ou de lui demander d'abondantes récoltes ; il ne l'encourage point à planter ses champs, à les orner, à éprouver pour eux de l'affection. Mais l'influence de ce système sur l'homme est plus importante que celle sur la création de la richesse. Or, le sentiment de la vie sociale, de la vie civile est celui de tous qu'il importe le plus de maintenir chez les colons, et les habitans ruraux des bourgades demeureront bien plus civilisés que s'ils étaient épars dans les champs. Par elle-même l'entreprise de fonder une colonie relâche le lien social. Ce sont toujours les esprits les plus indépendans, les plus fiers, les plus indociles, qui s'engagent dans ce projet aventureux. Souvent ce sont ceux qui ne pouvaient supporter le joug des lois dans la mère-patrie, malgré leur autorité antique et la puissance des habitudes. Ces mêmes hommes sont bien moins disposés encore à l'obéissance dans un état tout nouveau, où aucun préjugé ne prête son appui à l'ordre, où aucune habitude n'est enracinée. Il faut bien se garder de leur permettre de se disperser dans les déserts, car s'ils peuvent établir leur habitation à une grande distance de tous leurs frères, bientôt ils ne reconnaîtront plus d'autres lois que leurs propres caprices, d'autres juges que leurs ressentimens, leur orgueil offensé ou leurs autres passions. Chaque père sera un petit tyran dans sa famille; étranger à la société de ses égaux, il exigera l'obéissance implicite de sa femme et de ses enfans; l'art de persuader lui sera inutile, l'art de la conversation ne lui présentera ni attrait ni récompense; il ne connaîtra d'autre plaisir que ceux des sens, et l'ivresse lui tiendra lieu de tous les développemens de l'esprit. Si par hasard il naît une querelle entre lui et quelqu'un de ses voisins, il sait bien qu'aucun témoin ne les verra, qu'aucun pacificateur ne pourra accourir à son aide, qu'aucune enquête n'est possible; il cherchera donc à se défaire de son adversaire, ou s'il est sans armes, à lui arracher les yeux à la manière américaine, pour en finir, pour n'être pas tourmenté de ses plaintes, pour n'être pas condamné par son témoignage, à supposer encore qu'il veuille se soumettre à des tribunaux qui ne peuvent pas l'atteindre. Quelle que soit originairement la culture de son esprit ou la douceur de son caractère, il arrivera très vite à la condition du *backwoodman*, du colon des forêts reculées, tel qu'on le voit en Amérique, à cette existence solitaire, brutale, violente, qui détruit toute vraie civilisation, toute sympathie avec les autres hommes, mais qui conserve toutes les qualités avec lesquelles on peut élever sa fortune, telles que la force de corps, l'adresse, l'esprit d'entreprise, et surtout l'esprit de calcul et la cupidité.

Mais dans la colonie grecque l'homme était sans cesse en présence de l'homme, il devait à ses concitoyens, à ses compagnons d'aventure, le compte de tous ses instans. Il ne se hasardait point au loin sans que son absence fût remarquée, il ne pouvait se livrer à aucun excès sans que son ivresse, ses emportemens, ses actes de tyrannie fussent connus de tous, et le soumissent à l'animadversion publique ; il ne pouvait enfin commettre un homicide, et se flatter d'échapper aux lois, soit qu'un de ses compatriotes ou un aborigène fût sa victime. La colonie, il est vrai, n'avait aucune force pour le poursuivre hors de son territoire, mais il avait lui-même un besoin si constant du gouvernement colonial qu'il revenait sans cesse se mettre sous son aile, et ce gouvernement, qui connaissait sa propre faiblesse et le besoin qu'il avait de ses voisins, regardait une querelle avec les aborigènes comme une offense publique. Si le délinquant prenait le parti de ne point rentrer le soir dans sa maison, de se soustraire aux tribunaux de sa nouvelle patrie, il fallait qu'il s'en éloignât pour jamais, et un exil éternel, chez les anciens, était regardé comme le dernier supplice.

Dans les colonies modernes, une immense étendue de terres fertiles semblent abandonnées au premier occupant, et le colon, comptant sur la protection toute-puissante de la mère-patrie, s'en attribue une part qui n'est en proportion ni avec ses forces physiques pour les travailler, ni avec ses capitaux pour les améliorer, ni avec ses besoins pour en consommer les fruits. Le colon de l'antiquité, qui ne comptait que sur lui-même et sur ses compagnons d'aventure, ne désirait point posséder des champs d'où il ne pût pas entendre la trompette guerrière qui l'appellerait à défendre sa cité, et l'autorité coloniale fondait sur ce principe la division des terres qu'elle avait acquises. Il fallait que tous y eussent une part à peu près égale, puisqu'il fallait que tous fussent toujours à portée des murs ; les divisions s'étendaient comme les sections d'un cercle, les champs étaient les plus rapprochés de l'enceinte fortifiée, au delà la colonie possédait encore une zone de pâturages, où l'on pouvait apercevoir de loin l'approche de l'ennemi. Ainsi, quelle que pût être la richesse inégale des associés, un intérêt supérieur, la sûreté de tous, ramenait à l'égalité la division territoriale. On ne demandait point à chaque chef de famille d'acheter sa nouvelle terre ; la distribution était gratuite ; tout au plus elle se proportionnait à la force de chaque famille pour cultiver la terre et pour la défendre, à ses besoins pour en consommer les fruits. Aussi, dès leur arrivée, les colons, limités par l'espace, étaient forcés d'introduire dans leurs champs la culture qui convient aux terres de la plus haute valeur, ils y importaient toutes les pratiques de la science rurale la plus avancée dans leur mère-patrie, et c'est ainsi qu'ils enseignaient leur art aux sauvages. Les nôtres, au contraire, apprennent d'eux le leur. Maîtres tout à coup d'une immense quantité de terres qu'ils tiennent ou du droit de l'épée, ou d'un achat fait aux actionnaires, ils ne sont ménagers d'aucun des bienfaits de la nature. Ils éclaircissent les forêts par l'incendie, ou en écorçant les arbres, pour les laisser pourrir sur place ; ils abandonnent tout système d'engrais, de bonification, de rotation de récoltes ; ils s'attachent à quelques points privilégiés du sol, auxquels ils sacrifient tous les autres ; ils le fatiguent par une succession de récoltes épuisantes, et ils réduisent bientôt les terrains les plus riches à la stérilité. Toutes les vastes et belles contrées qui bordent l'Atlantique, ces campagnes dont la fertilité étonnait les Européens quand ils y abordèrent pour la première fois, ont été ruinées de cette manière par la cupidité du cultivateur, qui sacrifiait l'avenir au présent. Le colon, instruit par l'Américain dans l'art de détruire, ne songeait pas même à l'imiter dans l'art de conserver. La même faute se répète encore aujourd'hui au Cap de Bonne-Espérance, à la Nouvelle-Hollande, à la Terre de Van-Diemen; c'est par quatre cents et par huit cents acres qu'on distribue la terre dans ces nouvelles colonies. On veut commencer par des fermes aussi étendues que celles que les plus riches fermiers anglais soumettent à la culture qui demande le plus d'avances, et on les donne cependant à des hommes presque sans capitaux, qui seront presque nécessairement entraînés à les cultiver, comme ont fait leurs aînés, sur les bords de l'Atlantique, en vue du présent, et sans aucune pensée de l'avenir. De même, dans les projets de colonisation pour Alger, nous n'avons entendu parler que de grandes compagnies d'actionnaires et de grandes fermes, tandis qu'il fallait surtout songer aux habitudes du cultivateur arabe, aux moyens de l'associer avec l'Européen, et de lui rendre cette association profitable, aux perfectionnemens à apporter à l'industrie du pays, et non à son bouleversement. Si en effet les terres conquises en Afrique sont ôtées aux cultivateurs indigènes pour être livrées à des spéculateurs, à des gens pressés de jouir, pressés de détruire, et incapables de rien créer, l'agriculture, loin d'avancer, reculera du point où l'avaient portée les Arabes.

Les colonies grecques se composaient d'hommes de condition libre, mais sortis de tous les rangs de la société, et elles étaient conduites, dans les temps héroïques, par des fils de rois, plus tard par des eupatrides, ou citoyens de la plus illustre naissance; cependant la conséquence nécessaire de leur entreprise était d'établir entre les colons une très grande égalité. Ceux qui s'engageaient dans ces expéditions aventureuses n'emportaient point de fortune avec eux, et ils ne songeaient point non plus à y faire leur fortune. Ce n'est pas qu'ils renonçassent à l'ambition, ils se flattaient de se distinguer au premier rang parmi leurs concitoyens, dans les conseils ou à la guerre. Ils se flattaient de devenir grands par leur éloquence, leur prudence ou leur valeur, jamais de devenir riches. Sur le sol de leur nouvelle patrie ils ne devaient compter pour vivre que sur le travail de leurs mains, ils recevaient, comme tous les autres, leur part dans les champs coloniaux, ils devaient les cultiver sans domestiques, sans journaliers, sans esclaves, car la société nouvelle, entourée d'ennemis ou de jaloux, ne consentait pas à rassembler aussi dans son sein des ennemis domestiques. Chez les petits peuples de l'antiquité, au temps de leur indépendance mutuelle, l'esclavage n'était encore qu'un accident du droit de guerre, et non une organisation industrielle, c'est pour cela qu'il n'avait point encore déshonoré le travail. Les plus grands citoyens de la colonie ne se refusaient donc point au travail manuel; mais il fallait que ce travail ne remplît pas tout leur temps, car ils en devaient une grande partie à leur nouvelle patrie pour son administration, son instruction et sa défense. Toutefois, dans un pays où le laboureur n'a point de fermage à payer, où l'Etat n'a point de dettes, où une part dans le produit du travail des générations naissantes n'a point été hypothéquée ou vendue d'avance par leurs pères à leurs créanciers, dans un pays en même temps où les mœurs sont simples et où le luxe est inconnu, l'industrie rurale produit fort au delà de l'entretien de ceux qui l'exercent. Si aujourd'hui le laboureur peut vivre sur la moitié de ses récoltes, en cédant l'autre moitié à son maître, autrefois le laboureur propriétaire vivait sur le travail de la moitié de la semaine ou de la journée, et pouvait en consacrer l'autre moitié au service du public.

Ainsi les riches de la mère-patrie avaient cessé d'être riches dans la colonie, mais les pauvres avaient de leur côté cessé d'être pauvres ; les uns comme les autres vivaient du travail de leurs mains, mais d'un travail que la nature récompensait libéralement. Les uns comme les autres étaient appelés à un exercice habituel de toutes leurs facultés corporelles, mais ils n'exerçaient pas moins habituellement toutes les facultés de leur esprit. Le gouvernement d'une colonie participait plus de la démocratie que celui d'aucun ancien Etat ; il le devait, il le pouvait faire sans danger. Les conditions diverses des citoyens, chez ces petits peuples, n'agissaient point comme chez nous ou comme dans nos colonies, par une rivalité universelle des unes contre les autres ; mais au contraire toutes sentaient un intérêt commun, qui se rapportait toujours aux aborigènes. Le commerce avec ceux-ci devait seul nourrir la colonie dans ses commencemens ; les moyens de gagner leur amitié, d'obtenir leur confiance, d'établir entre eux et les colons des signes communs, un langage de convention, étaient l'affaire de tous, l'intérêt urgent de tous. En même temps c'était des aborigènes que pouvaient venir tous les dangers ; la vigilance sur eux, la défense contre eux, en cas de querelle subite, étaient aussi des intérêts que tous sentaient également. Lorsqu'ils étaient partis de leur mère-patrie, quelques fils d'hommes illustres, quelques fils d'hommes riches, avaient probablement emporté avec eux quelque orgueil de naissance ou de famille, quelque sentiment de leur supériorité, et si cette supériorité s'unissait à une éducation plus soignée, aux habitudes et à l'expérience du monde, aux traditions de leurs pères, aux talens enfin, elle était reconnue, elle était appréciée, car elle était utile à tous. Elle flattait même l'imagination populaire, car c'est dans un pays où tout est neuf, où tout est naissant, que les souvenirs de l'antiquité deviennent le plus chers. Mais le moindre colon, le moindre cultivateur avait cependant un intérêt identique avec cet *eupatride*. Comme lui il servait la patrie par sa vigilance, et il la défendait de son bras, comme lui il était admis aux conseils où le peuple naissant délibérait sur l'existence de tous. Plus le cercle était étroit, plus la confiance était intime, plus l'homme du peuple recevait de l'homme bien né auquel il se trouvait associé, la puissante éducation des circonstances et de l'action commune. Nous nous sommes accoutumés, de nos jours, à confondre l'instruction avec l'influence des livres ; la grande instruction, cependant, l'instruction fructifiante est l'action de l'homme sur l'homme. Tous les intérêts sociaux étaient à leur tour débattus dans l'*Agora*, tous les exemples étaient mis sous les yeux de tous, tous les caractères se développaient en quelque sorte en public, et l'étude de l'homme, l'étude philosophique des passions et des intérêts humains était accessible au plus pauvre comme au plus riche. Les finesses, les délicatesses de la langue ne marquaient point les conditions, car tous s'étudiaient à là parler avec la même pureté ; si de loin en loin quelques livres accroissaient le fonds de l'instruction commune, leur effet était populaire ; c'était à la Grèce assemblée qu'Hérodote avait lu son histoire. Nous avons prétendu aussi de nos jours à la démocratie ; mais le premier élément des cités grecques nous manquait, l'égalité de condition qui résultait de leur organisation économique, égalité qui n'était nulle part plus grande que dans les colonies naissantes.

La communauté des intérêts, le rapprochement intime de tous les citoyens, et leur constante action les uns sur les autres, faisaient des colonies de l'antiquité comme une école d'enseignement mutuel. Les connaissances que quelques hommes supérieurs y avaient apportées, se répandaient bientôt dans toute la masse de la petite nation, par un contact continuel, par un échange journalier de toutes les observations, de toutes les pensées. Ce qu'un seul savait, tous le savaient, tous le pratiquaient, tous l'enseignaient aux aborigènes : c'est ainsi que la culture du blé, de l'olivier, de la vigne, que le travail des métaux, celui des tisserands, que l'alphabet et l'art d'écrire, la monnaie, le calcul, la musique étaient successivement introduits dans des pays nouveaux, et que la tradition ou la mythologie conservait la trace de ces grands bienfaits; chacun était attribué à un seul héros, à un seul être demi-fabuleux, mais tous ses compagnons devenaient avec lui les instituteurs des nations, parce que le talent, la supériorité, la bien-veillance de chaque chef étaient réfléchis par tous les membres associés à lui dans la société naissante.

Combien l'action de nos colonies modernes forme un contraste affligeant avec celle de ces colonies antiques, civilisatrices du genre humain ! Nos colons, en partant des rivages de la mère-patrie, ne forment point une société choisie, associée pour courir les mêmes hasards, et s'unissant sous la foi d'être toujours prêts à s'exposer, chacun pour tous, tous pour un seul. Il n'y a entre eux ni fraternité, ni confiance, il ne saurait y en avoir. Les colons sont, pour la plupart, des hommes qui ont éprouvé dans le monde, ou des revers, ou tout au moins de grands chagrins. Ils partent d'Europe avec une fortune ruinée, un crédit ébranlé par des malheurs qu'on est toujours disposé à attribuer à leur imprudence ; ils vont chercher un monde nouveau, où ils puissent oublier l'ancien, et où eux-mêmes puissent demeurer inconnus. Ce sont encore des esprits inquiets, qui repoussent avec amertume les formes du vieux monde, et qui ne sauraient se contenter de la place qui leur y est réservée. Ce sont aussi des aventuriers avides de fortune, qui, ne voulant point se fier aux chances ordinaires de l'industrie et de l'agriculture, traitent la destinée comme un jeu de hasard, et exposent leur vie et leur fortune sur des chances, qui, parce qu'elles sont inconnues, leur paraissent immenses. Cette troupe mélangée, déjà si peu digne de confiance, est encore grossie par les rebuts de la vieille société, qu'elle rejette avec dégoût sur la nouvelle. Les mauvais sujets auxquels leur famille veut épargner l'ignominie d'une poursuite judiciaire, obtiennent par faveur de pouvoir passer aux colonies ; les garnisons qu'on y envoie se composent de régimens *disciplinaires*, qu'on recrute de tous les soldats que leurs folies, leurs vices, leurs crimes quelquefois, font repousser des autres régimens. Les employés de finances, les officiers de justice, les magistrats, le gouverneur lui-même, sont le plus souvent envoyés aux colonies comme dans un honorable exil. Les plus éminens ont été écartés de la cour, parce que leur crédit était déchu, d'autres des chambres législatives, parce qu'on y redoutait leur opposition. Quelques-uns ont été soustraits aux yeux du public auquel ils commençaient à devenir odieux, d'autres ont été écartés pour empêcher des enquêtes qui auraient pu les perdre ; tous enfin ont été choisis non comme étant les plus propres à la colonie, mais comme se trouvant ou étant trouvés de trop dans leur vieux pays. Enfin, dans cette énumération affligeante de tant d'élémens de désordres, de vices et de crimes, nous n'avons point encore compris la classe que l'Europe n'a pu y ajouter sans une offense cruelle à l'humanité, les déportés, ces hommes flétris par un jugement infamant, et qu'on envoie inoculer le crime à une nation nouvelle, lorsqu'on constitue ce qu'on désigne par un nom qui fait frémir, une *colonie pénale*.

Est-il étrange que des hommes qui sont signalés les uns aux autres comme appartenant à des classes toutes suspectes, quoique à des degrés divers, au lieu de se rechercher s'évitent; qu'aussitôt qu'ils sont arrivés sur le vaste continent ouvert à leurs entreprises, ils se dispersent sur toute son étendue? Ceux qui sentent dans leur cœur l'amour de l'honneur et du devoir savent bien que leur contact avec leurs compagnons d'aventure peut les souiller, peut les compromettre, mais ne leur apprendra rien de bon. Ceux qui ont à faire oublier leur passé évitent les regards des hommes; ceux qui sentent que leur conduite présente ne supporterait pas l'examen, les évitent davantage encore. Toute l'influence bienfaisante de la société humaine est donc perdue pour eux tous; cependant l'influence corruptrice demeure, car les colons ne vivent point absolument seuls. Les plus riches, les plus civilisés, sont obligés de s'associer à leurs inférieurs pour les opérations manuelles de leur établissement, et ils empruntent toujours quelque chose de leur langage, de leur grossièreté et de leurs vices. Même dans les colonies pénales, quelle que soit la répugnance des propriétaires à se rapprocher des condamnés, comme ils font faire par eux presque tous leurs travaux, il faut bien qu'ils traitent avec eux, qu'ils leur accordent quelque confiance, et que les estimant d'après leur plus grand ou moindre endurcissement dans le crime, ils regardent presque comme un honnête homme celui qui n'a été séduit qu'une ou deux fois. L'effet corrupteur de la présence habituelle des êtres corrompus est inévitable; le poison se répand également sur ceux qui les haïssent et sur ceux qui les excusent. L'homme qui ne verrait dans ces condamnés, dont il est sans cesse entouré, que des objets de dégoût ou d'aversion; qui perdrait toute sympathie pour la figure humaine, toute pitié pour la douleur, toute foi dans l'expression du sentiment, aurait éprouvé une contagion morale bien plus fâcheuse encore, que celui qui se serait accoutumé à voir avec indulgence le vice ou le crime. Ainsi ces êtres dégradés, qui ne peuvent naître que dans la fange des grandes villes, qui ont perdu tout sentiment moral, et qui ne distinguent plus le juste et l'honnête, introduisent aux lieux où on les déporte un foyer de corruption qui se développera aussi longtemps qu'ils vivront. Des siècles n'étoufferont peut-être pas ces germes funestes du vice, que nous avons barbarement portés dans des établissemens destinés à prendre un accroissement rapide. Nous avons greffé le plus poisonneux des fruits sur le jeune sauvageon dont la pousse vigoureuse promettait un grand arbre aux générations futures.

Ce ne sont pas seulement les colonies pénales qui ont transplanté dans des terres vierges les crimes et les vices des pays qui ont traversé la civilisation. L'histoire des colonies européennes nous montre partout également l'homme civilisé abusant de la supériorité de ses forces et de son intelligence pour dépouiller l'aborigène, pour le forcer à la guerre, pour le corrompre et pour l'exterminer. Les Grecs, par leurs colonies sur toute l'étendue des côtes de la Méditerranée, fixèrent partout les peuples errans, ils rappelèrent à l'agriculture, puis aux arts et au commerce, les peuples chasseurs et pasteurs, ils leur enseignèrent la science du gouvernement, et l'amour de la liberté, ils substituèrent à un culte sombre et sanglant, au pouvoir jaloux et oppressif des corporations de prêtres, le culte des héros bienfaiteurs de l'humanité, qui étaient les dieux de la Grèce, ils ouvrirent enfin les esprits à une philosophie qui devait plus tard réformer et épurer une religion déjà réformatrice. Par tous ces bienfaits les Grecs déterminèrent un accroissement de la population, et d'une population heureuse, qui passe notre compréhension. La Grande Grèce, la Sicile et l'Asie mineure comptèrent des milliers de cités, auxquelles aucune ville de province de nos plus grands empires ne pourrait se comparer. En même temps la population des aborigènes, enrichis des arts de la Grèce, s'accroissait avec une rapidité non moins surprenante, et la civilisation s'étendait dans des régions où le peuple civilisateur n'avait jamais porté ses pas. De nos jours, au contraire, partout où les Européens se sont établis, ils ont détruit la civilisation préexistante. On a vu disparaître par leur contact, d'abord tous les rangs élevés dans la société indigène, puis tous les arts perfectionnés et l'agriculture que pratiquaient avant eux les naturels du pays, puis toutes les vertus natives, et enfin la race elle-même. C'est un fait aujourd'hui qui n'admet pas de doute, et qu'on nous présente même comme une loi de la nature, comme une nécessité, que partout où la race blanche se trouve en contact avec une race indigène, celle-ci doit disparaître dans le cours de peu de générations.

Quand les Espagnols abordèrent sur les côtes du nouveau monde, ils les trouvèrent presque également partagées entre des peuples encore barbares, et des peuples qui avaient fait déjà de grands progrès dans la civilisation. Les plus avancés entre ceux-ci étaient les habitans des Antilles, et ceux des deux grands empires du Mexique et du Pérou. Ceux-ci montraient quel développement la race rouge qui peuple toute l'Amérique était susceptible d'acquérir par elle-même, et sans assistance étrangère. Les peuplades autrefois errantes, s'étaient fixées depuis longtemps. Elles n'avaient trouvé dans le nouveau monde que bien peu d'espèces d'animaux susceptibles d'être apprivoisés, aussi n'avaient-elles point essayé de la vie pastorale, mais elles avaient eu plus de succès en étendant leur domination sur le règne végétal ; elles s'étaient procuré par l'agriculture une subsistance très abondante ; en effet, une population nombreuse et heureuse couvrait et fertilisait les campagnes, en même temps qu'une classe vouée aux arts avait bâti de grandes villes. Entre les tropiques, un espace bien moins étendu que celui qui est requis dans les régions tempérées, suffit, avec bien moins de travail, à fournir la nourriture de l'homme. Dans les *tierras calientes* (terres chaudes des bords de la mer), de même que dans les îles, une plantation de bananes, un *platanar* qui n'occupe que cent mètres carrés, donne par année plus de quatre mille livres de poids de substance nourrissante, tandis que le même espace donnerait à peine trente livres de blé en France. Une plantation du manioc d'où l'on extrait la cassave, demande, il est vrai, plus de travail et plus de temps, mais elle fournit une substance aussi abondante et plus nourrissante que la banane. La culture de toutes les productions des tropiques était pratiquée dans les îles avec intelligence, elle y entretenait une population prodigieusement nombreuse, qui, avec peu de besoins et beaucoup de loisir, passait sa vie dans les fêtes et la joie. La population du Mexique et du Pérou, surtout dans les *tierras templadas*, et les *tierras frias* (les terres tempérées et froides des montagnes) avait besoin d'un travail plus constant, soit pour asservir la nature, soit pour soutenir le luxe politique et religieux de ces deux empires ; le maïs et la pomme de terre formaient la base de la nourriture du peuple, mais en même temps une variété infinie de fruits et de fleurs multipliaient les jouissances de l'homme. Les bateaux des jardiniers, qui, par le lac, arrivaient à Mexico étalaient, comme ils font encore, toutes les pompes de cette riche végétation. Les plantations de maguay (Agave americana) d'où l'on extrait le *pulque*, ou le vin du Mexique, remplaçaient nos vignes. Des manufactures adaptées aux besoins du peuple s'étaient multipliées dans les villes ; une Cour qui aimait l'éclat, des Grands fiers de leur richesse, et une religion qui s'entourait de pompe, avaient dirigé l'industrie vers les jouissances du luxe. La race rouge, tant au Mexique qu'au Pérou, avait désiré perpétuer la mémoire de ses hauts faits et de ses découvertes, et elle avait inventé pour cela une écriture hiéroglyphique. Elle avait également ment découvert l'art d'extraire des mines et de travailler quelques métaux, et pour son malheur elle se parait d'ornemens d'or et d'argent qui excitèrent la cupidité des premiers colons espagnols.

Nous n'avons point l'intention de retracer ici l'épouvantable conduite de ces Espagnols dans le nouveau monde ; l'opinion publique l'a flétrie à jamais. Qu'il nous suffise de dire que si l'on considère et le nombre de leurs victimes et la durée des tourmens qu'ils leur infligèrent, leur forfait dépasse tous les forfaits qui souillèrent l'histoire de la race humaine. Dans l'ivresse de la victoire, quelques conquérans tartares donnèrent l'ordre épouvantable de massacrer tous les habitans d'une ville, d'une province même, pour élever avec leurs têtes de hideuses pyramides en souvenir de leur victoire ; mais la cupide férocité espagnole a coûté bien plus de vies encore à l'humanité, elle les a dévorées par un supplice bien plus atroce, bien plus prolongé, elle les a sacrifiées sans provocation, et dans le calme d'un avare calcul. Les paisibles habitans de ces contrées furent tous condamnés également au travail des mines, ils furent contraints à un exercice qui surpassait leurs forces, tandis qu'on ne leur allouait qu'une nourriture insuffisante, ils y furent poussés par le fouet de leurs inspecteurs, malgré la débilité, les plaies, les maladies, et ils ne trouvèrent de relâche à cet horrible supplice, que dans la mort, qui ne se faisait pas longtemps attendre. La dépopulation marchait avec une si étrange rapidité, que dans le cours d'une seule génération la race rouge disparut aux Antilles ; la population de Saint-Domingue passait seule, cependant, un million d'habitans ; Cuba en avait au moins autant, toutes les autres îles à proportion. Parmi les Caraïbes quelques milliers d'hommes de cette race infortunée échappèrent à l'extermination ; mais ce furent ceux-là seulement, qui, aigris par la souffrance et perdant tout espoir, ne gardèrent plus de demeures fixes, ils abandonnèrent l'agriculture, renoncèrent à leur civilisation, et se jetèrent dans la vie sauvage. Les habitans du Mexique et du Pérou n'avaient pas été soumis à une oppression moins épouvantable ; mais soit que la race des habitans des montagnes fût plus vigoureuse, ou plus accoutumée à de rudes travaux, soit que la corvée qui lui était imposée, la *mita*, qui l'appelait tour à tour aux mines, fût exercée avec un peu plus d'équité sous les yeux mêmes du vice-roi, soit enfin que le temps eût manqué pour accomplir l'œuvre de destruction, une partie des anciens habitans survécut aux mesures plus atroces, et ce sont eux qui renouvellent aujourd'hui cette partie de la population. A l'époque du voyage de M. de Humboldt, ils n'étaient plus soumis à aucune espèce de corvée, leur travail aux mines était volontaire et très richement payé; en même temps ils avaient repris avec ardeur la poursuite de l'agriculture. Au Mexique, les hommes rouges, qui forment encore une population de 3,676,000 âmes, sont les seuls qui se signalent par leur industrie dans la culture des terres, et leur activité pour l'introduire dans de nouveaux districts. Mais cette race ne se compose plus désormais que de laboureurs; tous les Grands de l'empire astèque ont disparu, et avec eux tous les riches, tous les prêtres, tous les savans, tous les bourgeois, tous les marchands. On ne peut plus retrouver chez eux l'ancienne civilisation de la race rouge. Ces laboureurs sont attachés à la suite d'une civilisation espagnole et chrétienne qui n'est point la leur; aucune de leurs idées n'est préparée pour en profiter, aucun progrès ne leur est possible, aucun développement européen ne pénètre jusqu'à eux. Au Pérou, la race rouge a souffert davantage, elle est plus près de s'éteindre, et il ne lui reste rien de l'ancienne civilisation des Incas, mais des nègres et des mulâtres la remplacent et sont chargés des travaux les plus fatigans. Au Chili, où la race native se faisait remarquer par ses vertus guerrières plus que par sa civilisation, elle a été repoussée entièrement hors de la société européenne; mais les peuplades sauvages sont excitées par les Espagnols à des guerres continuelles, les unes contre les autres, et l'ivrognerie leur a fait perdre toutes les qualités qui les distinguaient autrefois.

Jamais, nous l'espérons, les Européens, les Chrétiens ne se rappelleront la conduite des Espagnols au nouveau monde sans horreur et sans indignation. Avec quelque raison sans doute ils en accuseront l'esprit du seizième siècle. Les vieilles bandes espagnoles de Ferdinand-le-Catholique, de Charles-Quint et de Philippe II, se signalèrent pendant ce siècle en Italie, en France, en Allemagne et aux Pays-Bas, par leur férocité, et l'on ne doit pas s'étonner si le même caractère se manifesta davantage encore dans le nouveau monde, où ces farouches guerriers se trouvaient complétement soustraits au frein de l'opinion publique, en même temps qu'ils n'avaient aucun sentiment de fraternité pour des hommes d'une autre race. Mais sans prétendre excuser les Espagnols, c'est surtout le système moderne de colonisation que nous devons condamner pour de telles horreurs. C'est ce système qui pousse sur des terres étrangères, des aventuriers sans honneur, sans probité, sans frein ; qui encourage leur cupidité, qui célèbre leurs brigandages comme des exploits ; et qui, abandonnant à toutes leurs plus honteuses passions des hommes d'une autre race qu'on a commencé par nommer barbares, pour se dispenser envers eux de toute pitié, et s'autoriser à les dépouiller, donne aux agresseurs tout l'appui de la civilisation, tout l'appui d'une nation puissante et avancée dans les arts de la guerre, leur fournit des armes, des munitions, et au besoin des soldats, pour exterminer des voisins inoffensifs. En continuant la revue des colonies modernes, nous reconnaîtrons bientôt que l'arrivée des colons de toute autre nation d'Europe n'a pas été moins funeste aux indigènes que celle des Espagnols. Bien plus, les Espagnols sont les seuls qui aient admis les indigènes dans l'union sociale, pour y occuper tout au moins les rangs inférieurs.

Ils sont les seuls en Amérique chez qui la race rouge multiplie de nouveau; partout ailleurs elle est sur le point de s'éteindre.

Ce n'est, au reste, que dans les vieilles colonies espagnoles, au Mexique, au Pérou, aux Philippines, que l'activité dévorante des aventuriers a fait place à des habitudes sédentaires, et que les habitans songent à jouir de la vie au lieu de n'avoir pour but que de s'enrichir rapidement. Là seulement la concurrence universelle pour gagner, pour accumuler, par des moyens honnêtes ou déshonnêtes a été, sinon suspendue, du moins modérée; et là aussi les races subjuguées ont obtenu, sinon l'égalité des droits, du moins des égards, et quelque protection. A Cuba, les colons espagnols continuent à exploiter les hommes de préférence aux choses; ils sont manufacturiers, ils s'abandonnent à l'esprit mercantile dans toute son âpreté, ils cultivent la canne, et ils fabriquent le sucre dans le vrai système de l'école chrématistique, ne visant qu'à augmenter les produits, et à épargner autant que possible sur ce qu'ils coûtent, c'est-à-dire sur l'entretien des hommes qui les font naître. Aussi, de tous les pays à esclaves, il n'y en a aucun où leur traitement soit plus barbare qu'à la Havanne, aucun où la traite soit plus ouvertement exercée. Dans tout le reste des possessions demi-désertes des Espagnols, dans le Nouveau-Mexique, la Californie, les Andes, le Paraguay, les pays qu'arrose le Maragnon, partout enfin où la carrière a été ouverte aux aventuriers, les créoles agissent dans l'ancien esprit des colons, et leur action pour rendre barbare le pays est aussi constante, aussi cruelle qu'elle l'ait jamais été. Tous les peuples leurs voisins leur ont été abandonnés comme le gibier des forêts et des savannes, pour qu'ils fissent leur profit, ou de leur vie ou de leur mort. Ils vont à la chasse des *Indios bravos* (Indiens sauvages), avec tout aussi peu de scrupule qu'ils iraient à celle des sangliers. S'ils peuvent les attirer dans des piéges, ils les prennent au traquenard, au filet, ils les forcent avec des chiens courans. S'ils entourent leur village, ils massacrent tout ce qui résiste, ils entraînent le reste en esclavage. Par leurs poursuites continuelles ils ont contraint ces Indiens à vivre errans, des seuls produits de la chasse; et dès que les Espagnols font ces Indiens captifs, ils les obligent à un travail constant, au-dessus de leurs forces, sous lequel ils ne tardent pas à périr. A côté de ces odieux chasseurs d'hommes se rencontraient, autrefois il est vrai, des colonies de missionnaires qui allaient suivre dans les bois ces mêmes *Indios bravos*, et s'efforcer de les convertir à la religion chrétienne en même temps qu'à la vie agricole. Dieu nous garde de refuser notre admiration à une si haute vertu, à une charité si ardente, à un si grand sacrifice de soi-même. Les missions n'ont cependant jamais eu les effets bienfaisans des colonies antiques; non que les Indiens fussent inférieurs aux Pélages, et plus incapables d'instruction, mais parce que l'instruction que leur donnaient les *Padres* était trop peu préparée, trop peu en rapport avec leur nature. Ils commençaient leur éducation non point par le monde matériel, mais par le monde invisible, ils voulaient les amener non à comprendre mais à confesser ces mystères sur la nature humaine et la nature divine, que les plus fortes têtes, chez les nations les plus méditatives, ont peine à saisir; et, les forçant à renoncer à leur propre langage, il les leur exposaient dans deux langues nouvelles, le castillan et le latin, qui ne portaient au pauvre indien que des sons vides de sens. C'est en raison de ce sacrifice de l'intelligence à la mémoire que les *Indios reducidos* (Indiens soumis) sont devenus entre les mains des missionnaires de grands enfans , écoutant sans comprendre , et obéissant sans savoir pourquoi. D'ailleurs, presque tous les plaisirs leur ont été représentés comme des péchés , en sorte qu'ils vivent sans avoir de motifs pour la vie ; ils ont perdu tout ressort intérieur , ils présentent l'image d'une société européenne, dépouillée de son activité, de son intelligence, ils sont incapables de progrès , et ils confirment, par l'effet même qu'a eu sur eux une éducation européenne, le préjugé que la race européenne a fait naître contre toute la race rouge.

Au reste , les *Indios reducidos* ont peine à se soustraire aux vexations des Espagnols , qui eux-mêmes ne voient qu'avec jalousie les entreprises des *Padres* pour leur conversion. Chaque progrès des missionnaires soustrait un certain nombre d'individus ou de familles à ce fonds de créatures humaines , que les colons regardent comme réservées pour leur droit de chasse ; il appauvrit le marché d'esclaves , et plus les captifs meurent rapidement , plus les colons regardent comme important de maintenir le fonds d'où ils les tirent. En général, les missionnaires s'étaient établis à une grande distance de ces colons si agressifs, mais comme ceux-ci avancent sans cesse , les missions se trouvent bientôt en contact avec les chasseurs d'*Indios bravos* , qui , de leur côté, prennent pour prétexte de leurs hostilités le désir de faire parmi eux des conversions. Le gouvernement espagnol , tout rempli de préjugés qu'il était , tout oppressif qu'il se montrait souvent pour les intérêts de la colonie , n'avait du moins aucune sympathie avec les chasseurs d'hommes , et ses ordres généraux avaient le plus souvent pour but de protéger l'humanité et la religion. Mais dans les nouvelles républiques, les autorités locales ont été confiées à des hommes qui partagent les passions du district qui les a élus. En général elles se sont montrées très défavorables aux missions ; quelquefois elles ont forcé à émigrer les *Padres* eux-mêmes, avec tous les *Indios reducidos* ; on en a vu arriver des bandes nombreuses dans la Guiane anglaise, tandis que M. Pœppig, lorsqu'il traversait en 1832 le haut Pérou, ne trouvait plus au centre des anciennes missions de Cuchero, Pampayaco et Tocache que des déserts silencieux ; la végétation rapide des tropiques n'y laissait plus reconnaître aucune trace des travaux encore récens de l'homme. Les républiques, en expulsant les missionnaires, ont prétendu être louées pour leur libéralisme, elles ont voulu, disent-elles, contenir l'influence redoutable du clergé, et s'opposer aux progrès de la superstition ; peu de gens en effet comprendront, à quelques milliers de lieues de distance, que le vrai but de ce libéralisme était d'étendre sur de nouveaux districts la chasse aux hommes.

La race blanche, en exterminant la race rouge dans une grande partie de l'Amérique, s'y est, il est vrai, multipliée à sa place. Tout le continent de l'Amérique méridionale est aujourd'hui ouvert aux Européens, surtout aux descendans des Espagnols. Mais il ne faut pas croire qu'avec leur race la civilisation se soit étendue dans ces déserts. Le grand plateau de l'Amérique méridionale s'est couvert de troupeaux de bœufs et de chevaux qui y ont été apportés d'Europe. Dans la Nouvelle Grenade, les républiques de Rio de la Plata, Bolivia, le Chili, on rencontre beaucoup de propriétaires qui possèdent quinze et vingt mille bêtes à cornes ; mais le *Vaquero*, qui vit au milieu de ces troupeaux redevenus sauvages, et toute la population de ces régions centrales, ou ceux

qu'on nomme les *Llaneros*, sont descendus beaucoup plutôt au niveau des peuples chasseurs, qu'à celui des
peuples pasteurs de l'ancien monde. Loin de dompter
ou d'apprivoiser des animaux sauvages, comme avaient
fait le Tartare ou l'Arabe, ils ont rendu à l'état sauvage
des animaux domestiques dont ils ne tirent parti qu'en les
détruisant. L'Arabe, par ses soins, son intelligence,
son affection, l'étude de tous les instincts des animaux,
avait réussi à s'attacher, à rendre obéissans, les plus fiers
et les plus farouches ; le *Llanero* ne considère le bœuf,
le mouton, la chèvre, le pourceau, que comme un
gibier qui lui donne le plaisir de la chasse, et auquel il
se plaît à infliger des tourmens avec une indicible férocité.

Ce que nous avons dit des colonies espagnoles peut,
à bien des égards, s'appliquer aux colonies portugaises.
Celles-ci, au lieu de porter la civilisation, n'ont également répandu partout que le brigandage et la désolation.
Au Brésil, où les Portugais se sont trouvés en contact avec
la race rouge, dans son premier état de barbarie, c'est-
à-dire lorsqu'elle est composée de chasseurs errans qui
commencent à peine à se fixer et à cultiver la terre, ils
l'ont forcée à renoncer à cette culture, et à s'enfoncer dans
les bois, où les colons la poursuivent pour l'exterminer ou
la réduire en esclavage. Ils ont cherché à la remplacer
par des nègres, dont encore aujourd'hui ils importent
cent mille chaque année au Brésil, quoique le moment
approche où ceux-ci, devenus les plus forts, les massa-
creront tous. Dans les deux royaumes de Congo et de
Mozambique, où les Portugais se sont établis sur les deux
côtes, occidentale et orientale d'Afrique, les colons, de
sang européen ou mêlé. sont si bien descendus au
niveau des indigènes, qu'on ne les en distingue plus ;
toute trace de civilisation a disparu parmi eux, et la

souveraineté du Portugal, sur une si vaste portion de l'Afrique, ne s'est fait remarquer dans les temps modernes, que par la prétention de la nation portugaise à continuer la traite des nègres, quand elle était réprouvée par le reste de l'Europe, parce que, disaient les diplomates portugais, leurs marchands avaient un droit exclusif à vendre les habitans de ces régions, car ils étaient nés sujets du roi de Portugal.

Les expéditions des Portugais aux Indes orientales, rappellent celles des Espagnols au Mexique et au Pérou ; on y trouve le même mélange de cupidité et de bravoure chevaleresque, le même fanatisme religieux s'alliant à la perfidie et à la férocité. Mais les Portugais arrivaient chez des nations plus civilisées, plus riches, et surtout plus avancées dans l'art de la guerre que celles que conquirent les Espagnols. Ils eurent besoin d'employer avec elles de plus grands ménagemens ; ils se présentèrent plus souvent comme marchands que comme guerriers ; d'ailleurs, il n'y avait pas de mines dans les lieux où ils s'établirent, en sorte qu'ils ne purent avoir l'effroyable pensée de faire descendre les générations entières des peuples conquis dans les entrailles de la terre, pour en tirer de l'or ou de l'argent. Cependant, en s'en tenant à la lecture des seuls historiens portugais, on demeure convaincu que dans toutes leurs querelles avec les Indiens, c'étaient les Portugais qui avaient tort, en sorte que c'est toujours sur eux que doit tomber le reproche d'être les agresseurs, les perfides et les barbares ; que leurs guerres ont coûté à l'humanité des torrens de sang qu'ils versaient de gaîté de cœur, et que leur domination sur l'Inde, heureusement réduite aujourd'hui à deux grandes villes, a beaucoup contribué à faire reculer cette contrée vers cet état d'anarchie et d'oppression militaire, vers cette domination des aventuriers substituée à celle des anciens gouvernemens, qui l'ont dès lors presque constamment désolée.

Les colonies des Hollandais furent fondées sur les ruines de l'empire portugais dans les Indes; le système changea, un esprit tout mercantile remplaça l'esprit religieux et chevaleresque qui répandait une sorte d'éclat sur la cupidité et la férocité portugaise, mais l'humanité ne gagna rien au changement. Les Hollandais ne songèrent pas plus que n'avaient fait les Espagnols ou les Portugais, à porter la civilisation avec eux. Quoique républicains et protestans, quoique ayant éprouvé chez eux tous les avantages de l'esprit d'examen, et de la coopération de tous pour le bien de tous, quoique ayant atteint la liberté et l'indépendance par une fédération de provinces et de cités qui, chacune, soignaient avec prédilection leurs intérêts locaux, ils ne portèrent aucun sentiment de liberté, aucun progrès de l'entendement, aucune pensée d'avantages locaux dans leurs conquêtes. Ils se tinrent à une distance immense de la bienfaisante colonisation des Grecs, et partout où s'étendit leur domination, ils ne songèrent pas même à déguiser l'avare et froid calcul de spéculateurs égoïstes, qui rapportaient tout à eux-mêmes, qui estimaient tout en argent, et qui ne se demandaient pas même si les règlemens par lesquels ils protégeaient leur monopole porteraient la misère, la désolation et la mortalité parmi les indigènes, que sans provocation, sans prétexte, ils avaient réduits en sujétion par la force des armes.

Depuis longtemps on a signalé au monde la basse cupidité mercantile qui fait brûler, par les Hollandais, aux Moluques, toutes les épiceries, qu'ils préfèrent détruire plutôt que de permettre que leurs prix faiblissent sur le marché de l'Europe. L'on connaît également leurs expéditions annuelles pour arracher, dans toutes les îles de la Sonde, tous les pieds de cannelle, de clous de girofle, de poivre, et de noix muscade qui auraient pu échapper à leur monopole. Mais c'est surtout dans la vie de sir Stamford Raffles, de ce vertueux administrateur, qui succéda aux Hollandais, d'abord à Java, puis à Bencoolen, et qui eut ensuite la douleur de remettre aux Hollandais cette même île de Java, sur laquelle il avait répandu tant de bienfaits, qu'on peut apprendre tout ce que ce gouvernement avare et immoral se permet encore aujourd'hui, pour faire reculer vers la barbarie ses industrieux sujets dans les Indes ; quel fléau, pour tout le magnifique archipel des îles de la Sonde, est la domination hollandaise, et combien fut coupable le ministre qui, légèrement, étourdiment, rendit par le traité de Vienne, des millions de sujets prospères aux maîtres détestés qui les oppriment si cruellement.

Le gouvernement hollandais, qui a fait reculer vers la barbarie toutes ses possessions dans les mers de l'Inde, paraîtra peut-être, au premier coup d'œil, avoir eu plus de succès dans la grande colonie du Cap de Bonne-Espérance, qu'il fonda en 1652 avec une poignée d'Européens, et qui a pris aujourd'hui toute l'extension d'un grand empire, dont les Anglais s'emparèrent en 1795, et qu'ils ont dès lors gardé. Ce fut en 1672 seulement que les Hollandais achetèrent des Hottentots, au milieu desquels ils se trouvaient établis, le district du Cap, et qu'ils y établirent des paysans hollandais, des *Boors*, pour cultiver et offrir en vente des provisions fraîches, aux vaisseaux qui relâchaient au Cap dans la traversée entre les Indes et l'Europe. On n'aurait guère dû s'attendre que ces *Boors*, paisibles et industrieux cultivateurs des *polders* de Hollande, renommés pour leurs habitudes méthodiques et leur lenteur, se transformeraient dans une seule génération en un peuple pasteur et guerrier, non moins querelleur, non moins redoutable à ses voisins que les Mogols et les Tartares. Mais les Boors avaient devant eux de vastes contrées propres surtout au pâturage, et que les naturels du pays avaient déjà couvertes de troupeaux ; ils avaient derrière eux un port de mer qui leur offrait un riche marché pour tous les produits de l'industrie pastorale ; ils étaient en contact avec des peuples pour lesquels on ne leur avait inspiré aucune sympathie, qu'on leur abandonnait à exploiter, et sur lesquels leurs armes à feu leur assuraient une incontestable supériorité. Enfin, dans toutes leurs querelles avec eux ils étaient assurés de l'aide puissante du gouvernement du Cap, qui ne pouvait, dans leurs déserts, ni les inspecter, ni les diriger, qui renonçait à la prétention de les juger, mais qui se croyait toujours obligé de les défendre. Les Boors hollandais ne pouvaient qu'abuser de pareils avantages.

La contrée où les Hollandais avaient fondé leur colonie était habitée par une race douce et inoffensive, d'hommes divisés en petites peuplades, et incapables d'opposer une résistance efficace ; c'étaient les Hottentots, qu'on s'est plu à signaler à l'Europe seulement pour leur laideur, leur saleté et leurs superstitions ; cependant ces hommes avaient fait les premiers pas et les plus importans dans la civilisation, ceux qui rendent faciles tous les autres. Ils étaient entourés d'animaux domestiques, et ils cultivaient la terre. L'homme a déjà exercé une grande intelligence quand il a étudié et su reconnaître, dans l'animal sauvage, les qualités qui peuvent le rendre utile dans la domesticité, les affections par lesquelles on peut gagner son obéissance ; quand il a démêlé, dans les plantes des forêts, les propriétés utiles à l'homme et les moyens de les multiplier. Les Pélages n'étaient pas si avancés, quand les Egyptiens et les Phéniciens abordèrent parmi eux ; les Italiens, les Gaulois avaient à peine fait ces premiers pas, quand les Grecs leur firent faire tous les autres. Avec de la bienveillance, de la persuasion, de la bonne foi, les colons auraient fait entrer les Hottentots dans les voies de la civilisation. Déjà alors leur population était très considérable, aujourd'hui ils seraient devenus une puissante nation ; mais les Boors ne se croyaient liés envers eux par aucun des devoirs de la morale ; sous prétexte de trafiquer avec eux, ils les trompaient dans leurs marchés, et après avoir excité leur ressentiment par la fraude, ils trouvaient, dans ce ressentiment même, un prétexte pour leur faire la guerre. S'associant par bandes de 80 à 100 bergers, ils se jetaient sur la prochaine peuplade, ils tuaient ceux qui se défendaient, ils en réduisaient d'autres en esclavage ; à ceux qui avaient fui ils enlevaient leurs vaches qui faisaient leurs seules richesses, et ils les exposaient ainsi à mourir de faim. On ne saurait estimer à moins de 200,000 âmes la population des Hottentots lors du premier établissement européen ; aujourd'hui on n'en compte plus que 20,000, encore les trois quarts sont-ils des fils d'Européens, que leurs pères ont laissés dans la condition des mères noires qui les avaient mis au jour. Dès l'année 1771 les Hollandais étaient seuls maîtres de toute la contrée jusqu'aux montagnes neigeuses (*Snieen Berghen*) ; ils possédaient 100,000 milles carrés d'étendue, ou dix fois la surface des Provinces-Unies ; mais la race humaine avait presque disparu de ce vaste territoire.

Après l'extermination des Hottentots, et l'occupation

de leur pays, les colons hollandais se sont trouvés en contact avec une race plus belliqueuse, plus unie et plus redoutable, que nous désignons par le nom de Caffres, de l'arabe *kafir*, mécréant, car ce nom leur est inconnu à eux-mêmes ; les Boors les ont attaqués de la même manière, mais ils ont dû rassembler pour cela de plus grandes forces, et faire un appel aux milices nationales, qu'on désigne par le nom d'un *Commando*. « Il nous paraît, dit un écrivain de l'*Edinburgh Review*[1] que les Boors seuls ont été les conquérans du sud de l'Afrique. Le gouvernement du Cap et celui de Hollande avaient fait ce qu'ils avaient pu pour les contenir, par leurs menaces et leurs proclamations, et pour protéger contre leurs agressions les aborigènes propriétaires du sol ; tout a été vain. Les Boors ont marché en avant avec leurs troupeaux qui s'accroissaient sans cesse ; partout où ils ont trouvé des pâturages ils se sont emparés du pays, et le gouvernement colonial n'a eu d'autre parti à prendre que de les suivre, pour réclamer la souveraineté de leurs conquêtes. »

Le passage de la colonie sous la domination anglaise n'a pu faire changer ce système ; malgré eux les Anglais sont entraînés par leurs sujets hollandais à des conquêtes toujours plus étendues, à des guerres toujours plus acharnées, à l'expulsion ou à la destruction de tous les aborigènes. La dernière guerre contre les Caffres, qu'a terminée le traité du 17 septembre 1835, a été signalée par des actes féroces qui doivent attirer sur des soldats européens la plus sévère réprobation ; elle a étendu la frontière de la colonie jusqu'aux rives du Ky et du Keiskamma, lui donnant une surface tout au moins de 200,000 milles carrés ; mais dans cet immense empire,

[1] Vol. LXII, N° CXXVI, p. 457. On the late Caffre war.

les Européens ne comptent que 130,000 habitans de leur race; les nombreuses nations qui l'habitaient autrefois sont détruites, et le petit nombre de noirs libres que le dernier traité a de nouveau entremêlés avec les Européens, ne tarderont pas à en disparaître.

L'histoire de la colonie du Cap de Bonne-Espérance nous a fait passer de l'administration hollandaise à l'administration anglaise, mais elle ne nous a point donné occasion de célébrer une amélioration du sort des indigènes. Cependant les Anglais sont les seuls qui aient senti une vraie sympathie pour les peuples au milieu desquels ils envoyaient leurs colons, qui aient reconnu leurs droits, qui se soient proposé sérieusement de les protéger, de les civiliser, de les rendre heureux. Ce sentiment qui les honore, on le retrouve dans le gouvernement, dans les députés de la nation, dans les écrivains britanniques, mais on ne le retrouve pas dans les colons. Ceux-ci, élevés au milieu de cette lutte si animée entre toutes les professions, de cette émulation pour devenir riches, qui caractérise surtout l'Angleterre et le siècle présent, s'embarquent pour les colonies, pénétrés de la pensée que leur première affaire doit être de gagner de l'argent, et considérant l'univers avec ses habitans, comme livrés à leur spéculation. La cupidité des Anglais ne ressemble pas à celle des autres peuples qui les ont précédés dans cette carrière; l'Espagnol, le Portugais, prenant le signe pour la chose même, ne songeaient qu'à amasser de l'or, de l'argent, ils cherchaient les métaux précieux avec une passion désordonnée, ils semblaient s'enivrer par leur possession. Le Hollandais était plus calme, il réunissait le caractère de l'usurier à celui du marchand, il calculait plus froidement les intérêts, les profits, les avantages du monopole, et ce que la ruine d'autrui pouvait lui rapporter. L'Anglais veut gagner pour dépenser et pour jouir. Dans sa carrière de fortune, il ne se prive jamais des *comforts* de la vie ; il allie plus qu'aucun autre le luxe et l'élégance avec la cupidité. Aucun gouvernement n'est plus chèrement servi, et le traitement de ses officiers, dans l'Inde, est égal au revenu des princes, et est employé tout entier à leur procurer non de l'aisance, mais du luxe. Cette élégance tient l'Anglais à une plus grande distance des indigènes que tous les autres peuples européens ; elle l'expose moins aux luttes privées, aux passions haineuses, mais elle laisse, d'autre part, moins de place à la sympathie, à l'amitié, à ces communications intimes qui pourraient hâter les progrès des peuples moins avancés. Les Anglais, surtout les jeunes gens, dans leurs relations avec les doux et timides habitans de l'Hindostan, se croient appelés à retenir dans l'obéissance et la crainte *the black fellows*, *the natives*, ces polissons noirs, qui pourraient oublier la différence de leur nature. Tels qu'ils sont, cependant, les Anglais sont encore les meilleurs maîtres qu'aient rencontrés les Indiens. Partout où leur domination est directe, dans ce vaste continent, elle est un bienfait réel. Ils y ont rétabli la sécurité et la justice, ils ont donné aux peuples un sentiment de durée et d'avenir, et justement parce qu'ils se sont tenus à part, parce qu'ils n'ont pas voulu tout diriger, tout changer, ils ont laissé reprendre à la civilisation indienne, au-dessous d'eux, sa marche naturelle ; l'agriculture est florissante, les arts sont cultivés avec soin, la population et la richesse recommencent à s'accroître, l'intelligence fait des progrès ; et des opinions européennes se greffent naturellement et doucement sur les vieilles pensées de l'Inde ; enfin, le peuple conquis a appris à défendre la domination étrangère, l'armée native est redoutable, et il est peu probable que si le chemin de l'Inde était ouvert aux Russes, ils pussent y soutenir la lutte contre les Anglais. La présence de l'Européen a cependant exercé sur l'Inde, non soumise, sa funeste influence, elle a hâté sa démoralisation ; les aventuriers qui s'y répandent y secouent tout respect pour l'opinion publique ; tous les princes feudataires ou voisins de la Compagnie se livrent à un brigandage plus honteux, et leurs sujets sont plus malheureux, en raison même de la crainte que leur inspirent les Anglais, et des tributs ou des présens que ces derniers exigent d'eux.

Dans leurs possessions au Canada, les Anglais ne se trouvent plus en contact qu'avec les moins avancés des peuples de la race rouge ; ce sont des sociétés de chasseurs, qui ont reculé sans cesse devant les colons anglais, et qui ont tellement diminué en nombre, qu'on peut prévoir l'époque bien rapprochée où leur race sera entièrement détruite. L'immense continent colonisé par les Anglais, et qui forme aujourd'hui les États-Unis, était, de même que le Canada, occupé autrefois jusqu'aux bords de l'Atlantique par ces peuplades de chasseurs et de guerriers, qui, ne pratiquant aucune industrie, et presque aucune culture, et ne possédant aucun animal domestique, demandaient un fort grand espace pour vivre. La population nouvelle, d'origine européenne, qui habite ce continent, surpasse sans doute infiniment en nombre la population indigène qui a été détruite ; mais cet avantage suffit-il pour excuser l'usurpation ? Les Américains de nos jours nous présentent souvent, dans des écrits d'imagination, le tableau quelque peu fantastique des vertus, du bonheur, de l'adresse, du développement de toutes les facultés corporelles des indigènes de ces contrées avant l'arrivée des Européens ; sans donner à leurs récits une croyance absolue, nous devons y reconnaître que les indigènes étaient beaucoup plus avancés en civilisation qu'ils ne le sont aujourd'hui. Leurs arts antiques sont perdus; il leur convient mieux d'acheter des Européens, leurs habits, leurs armes, leurs ustensiles que de les fabriquer eux-mêmes; ils s'acharnent donc à la destruction du gibier pour se procurer des pelleteries, leurs seules marchandises, et ils augmentent ainsi toujours plus leur misère; ceux qui sont restés au milieu des possessions anglaises n'ont presque jamais voulu se soumettre à l'agriculture; ceux qui ont été repoussés vers l'occident, contraints à une vie toujours plus errante, ont perdu le petit nombre d'habitudes agricoles qu'ils avaient acquises. Les Français, les Anglais et les Américains, en les entraînant dans leurs guerres, leur ont fourni des armes bien plus meurtrières que celles qu'ils avaient autrefois, en sorte que la fleur de leurs guerriers a été partout moissonnée; mais surtout les Européens ont empoisonné tous les peuples demi-sauvages avec l'eau-de-vie. C'est un grand crime que d'avoir offert cette boisson funeste à des hommes qu'elle devait nécessairement abrutir. L'homme rouge, qui se sent humilié par la supériorité des blancs, qui est repoussé dans l'indolence tandis que tout s'agite et s'anime autour de lui, qui éprouve la tristesse du présent, la tristesse plus grande encore de l'avenir, ne résiste pas à la séduction d'une gaîté, d'une excitation artificielle; il sacrifie tout ce qu'il possède pour se procurer de l'eau-de-vie, il se plonge dans la plus dégoûtante ivresse; lors même qu'il en sort, il est abruti, il est incapable de tout travail, et il ne tarde pas à mourir. C'est l'eau-de-vie qui dépeuple le nouveau monde, c'est l'eau-de-vie qui a fait périr les plus riches les premiers, les *Sachem*, les chefs du peuple, et qui imprime sur le visage des survivans ce caractère d'indolence et d'abrutissement, si contraire à celui des anciens guerriers, c'est l'eau-de-vie qui, dans cinquante ans peut-être, ne laissera pas survivre un seul des aborigènes. C'est un vice sans doute, et un malheur pour les nations, que l'ivrognerie ; mais quand le vin, la bière, le cidre, le pulque, sont les seules boissons qu'elles puissent atteindre, leurs effets sont passagers. L'eau-de-vie, dont la fabrication demande des connaissances chimiques, est un produit de la civilisation ; mais comment les peuples civilisés n'ont-ils pas senti que c'était pour eux un devoir étroit de ne pas porter aux peuples barbares des drogues qui détruisent sans retour leur raison et leur santé? Comment peuvent-ils se justifier de les avoir séduits par l'opium aux Indes et à la Chine, par la coca au Pérou, par l'eau-de-vie en tous lieux? Toute colonie qui porte l'eau-de-vie avec elle est nécessairement un fléau destructeur pour la région où elle s'établit. L'eau-de-vie détruit la race rouge avec tant de rapidité, que les États-Unis auraient pu s'épargner les actes de fraude et de cruauté par lesquels ils ont tout récemment encore expulsé quelques peuples de cette race du territoire de l'Union. Il leur aurait suffi d'attendre quelques années encore l'effet du poison qu'ils administrent.

Les colonies des Anglais, dans l'Australasie, se sont trouvées en contact avec une race plus arriérée encore que la race rouge d'Amérique, plus clair-semée, et à ce qu'on assure, plus féroce dans ses habitudes. L'on ne peut douter cependant que, surtout dans les colonies pénales, les provocations ne viennent sans cesse des blancs aux indigènes, des puissans aux faibles, et que la destruction prochaine, imminente, de tous les autochtones des terres australes, ne soit un crime à ajouter à ceux qu'a produits le système de colonisation moderne.

Quelques hommes généreux, animés par un esprit religieux, sont partis en même temps de l'Angleterre pour répandre la civilisation par des colonies qui ont un peu plus de rapports avec celles de l'antiquité ; car, comme celles-ci, elles ne cherchent de succès que dans les progrès des indigènes. Ce sont les missionnaires qui se sont répandus dans les iles de la mer du Sud. Mais peut-être ces hommes, tout occupés du ciel, étaient-ils peu propres à enseigner les arts de la terre ; peut-être tout remplis de l'importance de certains formulaires de foi, se sont-ils trop peu occupés du progrès des idées, peut-être ont-ils entrepris une transformation trop rapide, en voulant que les habitans des iles des Amis devinssent des méthodistes anglais. Les rapports sur ces missions sont, il est vrai, contradictoires ; cependant, ce qui paraît le plus certain, c'est l'introduction dans les iles de la mer du Sud, des impôts, de la police, des uniformes, des armes à feu ; et d'autre part une diminution de la race, si rapide, qu'il n'est pas probable qu'elle puisse durer encore pendant deux générations.

Les Français, à leur tour, ont eu aussi des colonies ; bien plus, de tous les peuples de l'Europe ce sont peut-être eux qui ont montré le plus de sympathie pour les peuples qu'on nomme barbares, et qui semblent, en conséquence, les plus propres à les civiliser. A cause de l'infériorité de leur marine, les Français, dans les autres parties du monde, ont toujours eu à redouter les hostilités de rivaux plus puissans qu'eux ; aussi n'ont-ils jamais pu s'y livrer à cette arrogance de la supériorité de leurs baïonnettes, qu'avec des peuples plus voisins, ils ont mise si souvent à la place du droit, de la justice et de l'affection ; au contraire, ils ont recherché l'amitié de leurs hôtes d'une autre race, et ils l'ont presque toujours obtenue. Moins attachés à leurs opinions et à leurs préjugés que tous les autres peuples de l'Europe, moins orgueilleux de leur nationalité, ils ont été les plus flexibles de tous pour revêtir des mœurs et des habitudes étrangères ; leur activité, leur esprit d'entreprise les faisaient entrer de tout leur cœur dans les plaisirs comme dans les occupations des peuplades errantes. Moins cupides que les autres, ils poursuivaient le succès, le mouvement, plutôt que le profit, et lorsqu'ils n'avaient point à leur portée la société de leurs compatriotes, leur sociabilité leur faisait rechercher avec empressement des liens d'amitié avec les sauvages. Dans le Canada, dans la Louisiane, une alliance étroite fut formée entre les Français et les hommes rouges ; ils devinrent compagnons à la vie et à la mort, pour la guerre comme pour la chasse. Des noms français, tout comme des sentimens français se retrouvaient parmi les tribus les plus redoutables qui infestaient les frontières de l'Amérique anglaise. Le Français, devenu demi-sauvage, avait plus appris de l'Américain qu'il ne lui avait enseigné. Il s'était prêté à ses opinions comme à ses habitudes, il lui avait seulement communiqué ses armes et ses plaisirs. Le fusil et le violon avaient pénétré dans les retraites les plus sauvages ; et encore aujourd'hui, les villages français qui se trouvent en petit nombre disséminés au milieu des vastes colonies d'origine anglaise, se reconnaissent de loin, non à leur opulence, non à la bonne culture des campagnes environnantes, mais aux accens de joie qu'on en entend partir, aux danses du dimanche, où les hommes rouges s'unissent gaîment aux hommes blancs. Le violon, comme la lyre d'Orphée, aurait plus fait pour civiliser les bois de l'Amérique, que le commerce ou la philosophie ; il aurait enseigné aux hommes des deux races à s'aimer et à se réunir.

Les colons du Canada et de la Louisiane étaient cultivateurs, ils conservaient le caractère de la partie la plus aima-
ble et la plus estimable de la nation. Les colons des Antilles
françaises, de la Guiane, et des îles de France et de Bourbon,
étaient partis des villes ; ils appartenaient à une classe plus
calculatrice, plus avide de gain, plus entachée des vices
du commerce ; des vices seulement, car c'étaient en
général ceux à qui leur inconduite avait attiré des revers,
qui passaient aux colonies. Ils y trouvèrent un fonds de
population formé des restes des flibustiers et des bouca-
niers. Ces sauvages aventuriers, rebut de la nation
française, avaient écouté leur férocité autant que leur
cupidité dans la fondation de leurs repaires de corsaires
aux Antilles, d'où ils sortaient pour piller les Espagnols.
Ils furent de nouveau recrutés pendant longtemps par des
déportés souillés de crimes ; car le gouvernement ne
considérait encore ses riches îles à sucre que comme
des colonies pénales. Les Français n'eurent cependant pas
de part à l'extermination des habitans des Antilles, ils
avaient déjà péri sous le joug espagnol. Les premiers
conquérans les avaient transportés sur le continent,
pour travailler aux mines. Les Français ne furent pas si
exempts de crimes envers la race africaine. Dans les îles
qu'ils possédaient au levant de l'Afrique, ils firent d'abord
périr, dans l'esclavage, tous les indigènes, ensuite ils
recrutèrent leurs ateliers par la traite, et ils importèrent
des malheureux, enlevés par le brigandage à Madagascar,
et sur la côte de Mozambique, pour continuer les travaux auxquels ils se refusaient eux-mêmes. Les crimes de
la traite et de l'esclavage ont souillé plus profondément
encore les Antilles et la Guiane. Non-seulement les Européens n'ont jamais civilisé ces régions par leurs colonies,
mais encore, après en avoir fait périr tous les habitans, ils

en ont renouvelé deux ou trois fois , dans le cours de deux siècles , la population entière, pour la faire autant de fois périr par un long supplice. Et cependant, entre tous les Européens qui se sont souillés par ces horreurs , les Français ont été encore les moins barbares. Moins avides que les autres planteurs , moins riches, et vivant toujours eux-mêmes au milieu de leurs nègres , au lieu de les confier à des agens d'affaires , à des facteurs séparés d'eux par le vaste Océan, ils sont reconnus , entre les maîtres industrieux , comme les moins cruels.

La France ne possède plus qu'une très petite partie de ses anciennes colonies, et ses enfans ne s'y trouvent plus en contact avec les indigènes. Mais la conquête d'Alger vient de lui ouvrir de nos jours une carrière nouvelle pour la civilisation. Le moment est venu où la race européenne peut acquitter sa dette envers le genre humain , où elle peut porter la liberté, la justice, l'agriculture , la philosophie , tous les arts de la paix , de port en port , de rivage en rivage, sur les bords de cette même mer Méditerranée que les Grecs couvrirent autrefois de leurs colonies. La race arabe et maure , avec laquelle les Français se trouvent en contact, s'est montrée capable de la plus haute civilisation. Déjà aujourd'hui elle a fait tous les pas les plus importans, tous les plus difficiles dans cette carrière. Elle a été longtemps opprimée , elle a beaucoup souffert, elle en sentira plus vivement les avantages de la sécurité, de l'équité, de la bienveillance. Sous un gouvernement juste , elle peut en peu de temps multiplier avec rapidité , couvrir, de la merveilleuse agriculture qu'elle avait introduite autrefois à Grenade et à Valence, une région non moins fertile que l'Espagne, et qui n'est guère moins étendue. Trois fois la civilisation a été portée à cette même race , dans cette même contrée par les

Phéniciens et les Carthaginois, par les Romains et par les Arabes, et chaque fois elle y a produit ses fruits les plus précieux. Il n'y a pas neuf siècles que les arts, les lettres, les sciences, tout ce qui fait aujourd'hui la gloire de l'Europe, florissaient à Cairoan, tandis que nos pères étaient plongés dans la barbarie. Les Français se montreront-ils plus incapables de rendre l'ordre, la paix, le bonheur et la culture de l'esprit au nord de l'Afrique, que ne le furent les successeurs de Mahomet? Au lieu de répandre des bienfaits poursuivront-ils cette guerre d'extermination qu'ils ont déjà commencée? En provoquant les Maures et les Arabes et les forçant au combat, brûleront-ils les villes et les villages, et repousseront-ils dans les déserts deux millions et demi d'habitans qu'ils ont trouvés dans la régence d'Alger au moment de leur invasion, et qui, sous un gouvernement paternel, peuvent devenir la semence d'un grand peuple? Après tant de funestes exemples que nous présentent les colonies des Européens dans les trois derniers siècles, le choix que la nation française est sur le point de faire entre la carrière des bienfaits et celle des crimes fait frissonner, et l'effroi redouble encore quand les réclamations, quand les dénonciations des actes de rapine et de cruauté sont accueillies à la tribune publique par ce cri : *Vous déshonorez la nation!* Ah! celui qui déshonorerait la nation serait celui qui montrerait de l'indulgence pour les forfaits des oppresseurs.

Ce n'est pas de transporter quelques milliers de colons français, quelques milliers d'aventuriers sur le rivage d'Afrique qu'il s'agit, ce n'est pas de fonder quelques fermes expérimentales dans la plaine de la Mitidja, ou de donner de la valeur aux actions de quelques compagnies de spéculateurs; c'est de faire rentrer deux millions et demi de sujets de la France dans la carrière du bonheur et du perfectionnement, c'est de rendre à tout cultivateur algérien la sécurité qu'il a depuis longtemps perdue, pour qu'il redemande à ces fertiles campagnes tous les riches produits que ses pères leur demandaient autrefois, et qu'en même temps il soit éclairé, dirigé par les sciences de France, qui s'associeront à lui, pour lui enseigner à faire mieux encore. Ce doit être la tâche de la France de relever, de faire prospérer toutes ces villes, tous ces villages, qui étaient autrefois le séjour d'un grand peuple; de ranimer ces arts, cette industrie, ces manufactures, qui autrefois offraient tant d'objets d'échange aux Européens, et d'aider les Maures soumis à profiter de tous les progrès de la science pour accroître leur industrie; ce doit être la tâche de la France, de rendre aux villes et aux villages de la Mauritanie, les pouvoirs locaux que réclament les anciennes habitudes du pays, pour assurer aux anciens habitans du pays les bienfaits de l'administration municipale et d'une prompte justice, tout en les éclairant pour le gouvernement et pour la jurisprudence, par les sciences sociales cultivées en Europe; de renouveler les anciennes études et la brillante littérature arabe, tout en la mettant en rapport avec les progrès de l'esprit des Francs; enfin, ce doit être la tâche de la France de maintenir, parmi les Musulmans, l'influence bienfaisante de la religion de Mahomet, tout en la dégageant du fanatisme grossier qui y a été introduit par le despotisme et par l'ignorance, tout en la faisant converger avec la charité et la philosophie des chrétiens, pour réunir les hommes par leurs sentimens religieux et leur rappeler leur fraternité, au lieu de les opposer les uns aux autres. Si tels pouvaient être les fruits de la conquête d'Alger, l'humanité en aurait à la France une obligation éternelle , et la France en recueillerait non pas de la gloire seulement, mais les plus importans et les plus durables des avantages matériels.

...ration française, (c) la France en recueillerait non
... loss, his large time ci...

BIBLIOTHÈQUE

NATIONALE

CHÂTEAU

de

SABLÉ

1987